NOTICE

SUR

M. L'ABBÉ MAGNIN.

Par M. B. Deschamps,

Membre correspondant de l'Académie royale de Rouen et autres principales Sociétés
savantes de France et d'Italie.

PARIS,

DE L'IMPRIMERIE DE PILLET AINÉ,

RUE DES GRANDS-AUGUSTINS, Nº 7.

—

1843.

NOTICE

Sur M. l'abbé Charles-Etienne MAGNIN,

PRÊTRE DU DIOCÈSE D'AUTUN.

———

Né à Charolles (Saône-et-Loire), le 28 novembre 1759,
ancien directeur et professeur du petit séminaire d'Autun ;
curé de la paroisse de Saint-Germain-l'Auxerrois, à Paris,
le 28 novembre 1816, venant d'exercer, pendant plus de
vingt ans, la direction de la paroisse Saint-Roch, à Paris,
sous M. Marduel, curé ; poursuivi et ayant vu tout son mobilier brisé, beaucoup d'objets envahis, après la funeste
émeute du 13 février 1831, dans laquelle l'église royale et
paroissiale de Saint-Germain-l'Auxerrois fut entièrement
saccagée et livrée à toutes les profanations ; ayant résigné
cette cure le 9 décembre 1836, mais avec la condition qu'il
n'y serait remplacé qu'à la réouverture de son église, ce qui
s'effectua le 12 mai 1837 ; nommé, alors, chanoine hono-
raire de la cathédrale de Paris, décédé le 12 janvier 1843,
dans sa quatre-vingt-quatrième année, sur la paroisse Saint-
Sulpice, ses funérailles ayant eu lieu dans son église réparée

de Saint-Germain, son digne successeur, M. l'abbé Demer-
son, s'étant évertué à donner à ces touchantes obsèques la
plus grande solennité, à laquelle vint prendre part toute
l'élite du clergé de la capitale.

D'après le modeste vœu du vénérable M. Magnin, sa dépouille mortelle fut ensevelie dans une fosse temporaire, au
cimetière dit du Mont-Parnasse.

M. Magnin était fils d'un notable habitant, échevin de Charolles, en Bourgogne. Peu de tems après son ordination, la révolution éclata ; il se tint caché, allant porter en secret, pendant les plus grands jours d'orages politiques, tous les secours de la religion dans maintes édifiantes familles.

En des jours plus calmes, il eut l'intention de partir comme missionnaire avec MM. les abbés Langlois et Dubois, mais sa famille s'opposa à ce dessein.

Devenu curé de Saint-Germain-l'Auxerrois, et même avant, plusieurs personnes illustres le choisirent pour leur directeur, entre autres la pieuse duchesse douairière d'Orléans, fille du vénérable duc de Penthièvre et mère de Louis-Philippe, prince régnant ; Mme de Genlis, etc., etc.

C'est par ses soins constans et ceux de Mlle Buchère, fondatrice, vers 1809, que la paroisse de Saint-Germain-l'Auxerrois vit, pendant seize ans, prospérer et grandir sur son territoire ce bel établissement des orphelins de la Providence, transféré depuis environ quinze ans dans une maison vaste et commode, rue du Regard, 15.

M. Magnin présidait l'ambulance improvisée dans son église pendant les combats de juillet 1830, donnant, dans ces momens terribles, des soins et des consolations aux blessés, quel que fût le drapeau des combattans, faisant en-suite la remise des cadavres qui gisaient sur le sol sacré pour procéder à leur sépulture.

Pendant sa longue administration, M. Magnin avait gagné l'affection des familles les plus honorables de la paroisse par ses vertus vraiment pastorales, et l'amour des pauvres par sa charité et par ses bienfaits. Il passa les dernières années de sa vie dans la retraite, s'occupant toujours de bonnes œuvres, malgré son âge avancé ; parlant toujours à ceux de ses anciens paroissiens qui allaient encore lui demander ses sages conseils, ce langage du cœur qui fait aimer la religion par sa compâtissante indulgence pour les misères de l'humanité.

Ses anciens paroissiens, assistant à ses funérailles, firent au vénérable défunt l'application de ces sublimes paroles du roi-prophète : *Pretiosa in conspectu Domine mors sanctuorum ejus.*

Ma résidence à Versailles me procurait, dans la même
maison, la société tout aimable d'une dame très-édifiante,
douée de beaucoup d'esprit et d'instruction, d'une sincère
piété, des plus respectables à tous les titres ; cette dame fut,
pendant vingt années, dame de charité en sa paroisse de
Saint-Roch, à Paris, et, comme elle fit choix de la royale
cité de Louis XIV pour sa demeure en été, c'était chez elle
que M. Magnin venait passer, chaque année, plusieurs jours
de la belle saison. La proximité de la paroisse cathédrale de
Saint-Louis lui offrait ici, comme en l'église des Carmélites
à Paris, l'avantage de ne point interrompre le divin sacrifice
de la messe ; et cette même habitation, indépendamment des
charmes d'une maison de campagne qu'elle procure, repor-
tait le vénérable ecclésiastique, plus qu'octogénaire, près du
refuge qu'il aimait tant à revoir, et dans lequel, sous un nom
supposé et les allures empruntées d'un marchand de vieux
habits, il lui devint permis, il y a 51 ans, d'échapper aux
massacres des prêtres restés comme lui fidèles à leur serment.
Il est vrai de dire qu'alors, comme maintenant, la royale cité
avait, en ces jours d'atrocités, le bonheur de posséder dans

son maire un administrateur plein de zèle et d'humanité, fermant alors les yeux sur la véritable profession de certains nouveaux habitans, M. l'abbé Magnin ne cessant de porter en secret tous les secours de la religion dans les édifiantes maisons où il ne voulut jamais habiter, par la crainte d'en compromettre les maîtres (1).

Je profitai de ces entretiens, toujours animés et des plus instructifs, pour apprendre de lui tous les détails, d'abord, de l'épouvantable dévastation de l'église de la paroisse de Saint-Germain-l'Auxerrois à Paris, et, rassemblant ici tous les récits que me fit, en diverses fois, le vénérable curé sur l'horrible et sacrilége destruction et sur ses suites le concernant, voici ce qu'il m'a raconté, ma mémoire me servant encore assez bien, malgré mon grand âge, pour ne rien omettre de ses narrations dans nos promenades solitaires :

« Je n'avais, ce sont ses expressions que je consacrerai dans cet article le plus qu'il me sera possible, je n'avais aucune espèce de connaissance du portrait lithographié qu'un jeune homme, dans son imprudente ferveur pour la famille royale exilée, était venu attacher au poële qui couvrait la représentation du cercueil au service anniversaire de Mgr le duc de Berry, le 13 février 1831, et j'étais même rentré dans la sacristie pour m'y déshabiller lorsque le Suisse de l'église vint m'avertir qu'il y avait une grande fermentation au sujet de ce portrait du fils du prince décédé. L'apposition de cette

---

(1) Le 9 septembre 1792, les égorgeurs stipendiés se rendent de Paris à Versailles pour y attendre au passage cinquante-trois prisonniers royalistes (au nombre desquels se trouvait M. de Brissac) envoyés d'Orléans à Vendôme pour y être jugés. Le maire de Versailles, M. Richaud, décoré de son écharpe, voulut, mais vainement, faire un rempart de son corps aux proscrits ou périr avec eux : il allait se voir lui-même frappé du coup mortel, lorsque, malgré sa résistance, un sapeur-pompier, habitant de la ville, doué d'une force prodigieuse, s'élance sur l'une des voitures des victimes, d'où le magistrat ne voulait pas descendre, le dérobant ainsi au fer des assassins en l'enlevant sur ses épaules jusqu'en son hôtel ! ! !

image ne pouvait être que le prétexte dont se servaient les per-
turbateurs pour se livrer aux plus abominables excès dans le
saint lieu.

» Je me hâtai de me rendre dans le chœur et de détacher
moi-même la lithographie, espérant ainsi apaiser toute
rumeur, mais tel n'était pas le but de la bruyante réunion
qui m'accusait, avec des cris effroyables, d'avoir ordonné
l'apposition du portrait. Jamais dévastation n'offrit un plus
affligeant spectacle : une légion de Tartares mis en fureur
n'aurait pu effectuer en moins de tems le ravage qui détruisit
et mit en pièces tout ce qui pouvait être brisé : les autels, leurs
tabernacles, les tableaux de prix, les ornemens, rien ne put
résister, rien ne fut respecté ! Un instant a vu mutiler, anéantir
ce qui avait coûté tant d'années et de sommes d'argent pour
orner le saint temple !

» Les mêmes artisans de ruine totale se livrèrent chez moi
aux mêmes excès, ne laissant, dans toutes les parties de mon
local, que les quatre murs : mobilier, bibliothèque, tout ce
que je possédais enfin fut jeté par les fenêtres et brisé sur le
pavé, moins cependant beaucoup de choses de prix et peu
volumineuses, par conséquent très-commodes à emporter
d'une manière inaperçue, et jugées de bonne prise chez un
prêtre signalé comme un aristocrate. Ainsi disparut, notamment, une tabatière en or, sur laquelle était peinte en minia-
ture la communion de la reine à la Conciergerie ; tabatière
qui m'avait été donnée par Mme la duchesse douairière
d'Orléans.

» Il est juste aussi de dire que l'une des principales causes
de leur effroyable courroux, provenait de ce que le propriétaire du mobilier s'était soustrait à l'exécution de leur plan
fort peu charitable : celui de me conduire, en nombreux
cortége, sur le quai, tout voisin, de l'Ecole, et là, de me
lancer par dessus le parapet dans la Seine ; la rivière, comme
on dit, coulant pour tout le monde. Leur recherche de ma
personne dans tous les coins de la maison presbytérale,
ayant été des plus infructueuse, doubla leur rage dont ils ne

dissimulaient point la cause. C'était absolument une douce réminiscence des exploits des prisons, à l'époque où quelques bandes de frères et amis pouvaient impunément s'adjuger le droit de vie ou de mort en leur qualité de peuple-souverain.

» Mais, comme on ne trouvait pas encore très-prudent alors de donner tort à des masses agissantes, je devais me trouver poursuivi judiciairement ; un mandat d'amener me fit donc ouvrir les guichets de la prison de la Conciergerie, où je fus détenu l'espace de dix-neuf jours, mais sans être mis au secret.

» Les interrogatoires et confrontations n'étaient point épargnés. Toutefois, je dois déclarer que le jeune magistrat qui fut d'abord chargé de m'interroger, apporta dans son ministère tous les égards dus à mon caractère comme à mon grand âge. Le procès-verbal qui se dressait fut même égayé par la déposition d'un témoin qui me fut présenté. Ce stupide artisan qui, sans doute, fréquentait beaucoup plus assiduement les cabarets que les églises, et s'était, vraisemblablement aussi, mis dans le cas de ne plus pouvoir distinguer nettement les objets en se rendant à l'office, prétendit que quatre drapeaux blancs se trouvaient placés au dessus du maître-autel et que j'étais venu, après la messe, donner la bénédiction avec la main droite, au portrait du jeune duc de Bordeaux !

» Le fait est que cette lithographie se trouvait attachée au drap mortuaire par trois épingles que je ne pouvais ôter que l'une après l'autre ; en sorte que le mouvement de ma main , se portant de gauche à droite et de haut en bas, fut pris pour un signe de croix par mon très-peu clairvoyant observateur, ce que vinrent attester, après mon explication donnée, plusieurs témoins qui, certes, ne formaient pas des vœux très-ardens pour ma délivrance.

» Quant aux quatre drapeaux signalés par le pénétrant témoin, qui aurait bien pu voir plus de mille lumières briller sur le maître-autel, au lieu du nombre de cierges allumés, ces drapeaux enfin , étaient....... les quatre pans de la grande croix blanche figurée sur le fond noir de la tenture s'élevant au dessus du tabernacle dans toute la largeur de l'autel.

» Le rapport de M. le juge d'instruction ne pouvait que me devenir favorable, mais ses conclusions au non lieu ne prévalurent pas assez pour que l'information dût trouver aussi promptement sa fin; un autre juge, blanchi sous la simarre et accoutumé à déjouer toutes les malignes défenses, me soupçonnant, sans doute, d'avoir fait preuve dans la mienne des plus subtils détours, se chargea de nouvelles interpellations. Je comparus donc peu de jours après devant ce magistrat qui ne jugea point, à beaucoup près, nécessaire d'employer avec moi les formes aimables dont M. son jeune collègue avait fait usage. Toutefois, bien que tourné et retourné dans tous les sens, pendant plus d'une heure, la vérité restant, le magistrat ayant épuisé toutes les prodigieuses ressources de sa perspicacité, incapable, d'ailleurs, d'agir contre sa conscience, fut obligé de couronner le premier œuvre, au sincère désespoir des forts-à-bras que la seule dévastation de tout ce que je possédais ne pouvait que faiblement contenter, le propriétaire du mobilier ayant échappé de sa personne à la destruction.

» Je ne saurais faire à ceux qui me dépouillèrent entièrement, un mérite de l'immense avantage qu'ils me procurèrent sans s'en douter, en m'associant au sort glorieux qu'ils firent éprouver à notre auguste pontife, chef du diocèse de Paris. Les malfaiteurs , en privant un ministre de l'autel de tout ce qu'il possède de biens ici-bas, supposent l'avoir réduit au désespoir, parce qu'ils ne portent jamais leurs regards vers le ciel, seul bien auquel aspirent les vrais pasteurs évangéliques. J'ai puisé dans la noble résignation de Mgr l'archevêque de Paris, toute la force de mépriser les dommages qui me furent causés, cette perte qui me devenait personnelle n'étant rien d'ailleurs, en comparaison de l'inexprimable douleur que me faisait éprouver la dévastation du temple divin ; cette peine bien cruelle ne put trouver de soulagement que par un sacrifice énorme, dont le prêtre seul peut apprécier l'étendue, celui d'être à jamais séparé de ses chers paroissiens ; mais les besoins de l'exercice du culte, auquel se trouvait attaché le salut de bien des milliers d'ames, devaient imposer silence à mes plus tendres affections. J'étais persuadé que, dans le fond de leur ame, les nouveaux gouvernans me savaient irréprochable (1), mais la nécessité de prévenir de nouveaux excès, celle de faire des concessions à la révolte, lorsqu'un gouvernement ne fait que commencer à s'établir et qu'il redoute les plus dangereux émeutiers, firent apporter au rétablissement total du saint temple, la condition de mon abdication. Abandonner ma cure, m'éloigner de ma paroisse, c'était me déchirer le cœur, mais les besoins de la religion durent l'emporter dans ma résolution. Je me suis réfugié, pour l'exercice de mon ministère, tout près de l'église du couvent des saintes carmélites ; là, je contemple, dans cet autre asile sacré, des murs encore teints du sang des nombreux martyrs de la foi égorgés en septembre 1792, par les sicaires des chefs du règne de la terreur. Dans cette édifiante enceinte où je puis prier en liberté, daigne le ciel m'accorder le séjour dont jouissent sans doute tous les fervens pasteurs qui périrent dans ce lieu ! L'espoir de les rejoindre, non-seulement console, mais fait rendre grâce à Dieu des maux soufferts avec résignation. »

Je viens de rapporter tout ce qui m'a été dit à ce sujet, par le vénérable M. Magnin dans divers entretiens, mais un soupçon affligeant, offensant même pour sa personne, me restait sur la réalité de la confession et de la communion

---

(1) La preuve de l'intérêt qu'ils me portaient, et de leur équité, se trouve dans l'indemnité qui me fut allouée pour réparer le préjudice causé, sans en rechercher les auteurs.

de l'auguste Marie-Antoinette, dans la prison de la Conciergerie. Un passage de la lettre sublime, que cette infortunée reine écrivit dans sa dernière et affreuse nuit à cette autre auguste princesse, la sainte Elisabeth, entretenait mes injustes préventions, mais tous les doutes vont être dissipés, les titres les plus irrécusables doivent enlever maintenant tous moyens à la réplique. Sans doute il devrait suffire, pour convaincre les plus incrédules, de rappeler avec quel empressement tous MM. les curés de Paris, une députation du chapitre de la cathédrale, ainsi qu'un très-grand nombre d'autres notables membres du clergé, voulurent assister aux pompes funèbres du vénéré M. Magnin, et lui rendirent les plus touchans honneurs dans cette église de Saint-Germain-l'Auxerrois, où sa dépouille mortelle fut ramenée de l'autre rive de la Seine, comme pour consoler ses mânes du malheur de s'être vu éloigné de sa paroisse chérie, depuis treize bien longues années.

Mais il faut aux esprits mal disposés, même aux honorables écrivains, dont la religion fut trompée, des preuves les plus authentiques. Ces témoignages écrits, incontestables, abondent, et aucun nuage ne saura obscurcir la vie exemplaire de l'un de nos plus doctes et charitables pasteurs.

———

M. l'abbé Magnin, voulant bien me rendre compte de l'événement qui devint, contre toute justice, l'objet de diverses controverses (la communion de l'auguste reine Marie-Antoinette à la Conciergerie), le digne ecclésiastique me tint à cet égard ce langage, que je gravai dans ma mémoire, tout aussi bien que ses précédens récits :

« Rien au monde, me dit-il, ne pouvait davantage m'honorer ni me causer plus de consolations que le bonheur d'être admis auprès de la plus admirable comme de la plus infortunée souveraine, d'adoucir ses affreux tourmens par les puissans secours de la religion, son unique et le plus salutaire refuge dans les grandes adversités ; rien aussi ne pouvait, plus tard, me blesser plus profondément au cœur que les dénégations qui furent faites, et, assurément, sans aucun examen approfondi.

» Je n'ai jamais prétendu attribuer à moi seul toute la réussite de la périlleuse entreprise ; jamais, non plus, la pensée de cette tentative hardie ne me fût venue dans la position menacée où je me trouvais être ; tous mes heureux succès dans la prison criminelle, je les dois à l'honorable Mlle Fouché, qui prépara toutes les voies avec une ferveur, une présence d'esprit, un dévouement qui la placeront, dans nos sinistres annales, au premier rang de ces femmes héroïques qui, dans nos jours néfastes, bravèrent sans orgueil tous les dangers ainsi que les supplices, qu'elles subirent en dignes martyres de la foi et de la royauté. Cette demoiselle (1) voyait sans frémir l'échafaud, qui eût sans doute fini par ne point l'épargner, si une révolution (9 thermidor), heureusement amenée par le combat décisif que d'atroces membres de la Convention se livrèrent d'abord entre eux, n'eût tourné au profit des honnêtes gens ; autrement les cachots de la Conciergerie, ces antichambres de la mort, se fussent ouverts pour la femme courageuse qui me fit pénétrer avec elle dans cette sinistre enceinte, offrant de plus en plus l'image de l'activité des enfers jusqu'au jour où le sang cessa de couler (2).

---

(1) N'a rien de commun avec le député régicide du même nom, le plus subtil des caméléons politiques, qui trouva, sous l'empire, le moyen d'anéantir ses ci-devant collaborateurs frères et amis, tortillant dès lors son ancien bonnet rouge en couronne de duc. ...

(2) Le nombre des détenus pour prétendus crimes politiques se trouvait être alors de 7,241 dans toutes les prisons anciennes et nouvelles de la capitale, ce nombre s'étant complété par les continuelles arrestations faites au fur et à mesure des exécutions, massacres, etc.

» Mlle Fouché, déjà connue dans les principales prisons de Paris, où elle s'était vue admise pour y répandre des bienfaits, continuait de s'y voir ouvrir les guichets, sachant se contraindre assez bien pour n'afficher aucune opinion politique; ne montrant ainsi que le désir d'ajouter aux secours alimentaires des plus indigens détenus. Elle s'y trouvait aidée par les dons qu'elle recevait à cet effet de ses bienfaisantes amies. Ce fut sur moi que cette pieuse et charitable personne jeta ses vues pour l'exécution de son grand projet, me rendant assez justice pour se bien convaincre que je ne reculerais point, à beaucoup près, devant les dangers, et qu'au besoin le sacrifice de ma vie me deviendrait glorieux à faire en cas de découverte. Librement introduite dans les cachots sans porter le moindre ombrage, il lui devint permis d'entrer dans la chambre de l'infortunée reine, affranchie qu'elle était de surveillance, et considérée, depuis assez long-tems, comme à peu près attachée à la prison.

» L'admirable Marie-Antoinette, dont la pénétration ne pouvait jamais se trouver en défaut, distingua dès le premier entretien toutes les qualités du cœur et de l'esprit de la nouvelle venue, et comprit si bien ses pieuses intentions, qu'elle lui fit part du besoin qu'elle éprouvait des secours de la religion; mais ne voulant les obtenir que de la part d'un ecclésiastique qui ne se serait point parjuré, elle désespérait de recevoir cette consolation, certaine qu'elle était qu'un tel prêtre paierait de sa vie son introduction près d'elle, espérant que Dieu lui tiendrait même compte de sa réserve (1). Nul doute que Sa Majesté, qui ne se faisait aucune illusion sur le sort affreux qui lui était réservé, espérait que le sang

---

(1) Ce sentiment est bien conforme à ceux que la reine ne cessa de manifester pour la préservation des personnes qui lui étaient dévouées. « Je n'ai point à me reprocher, disait-elle au fidèle M. Hue, dans la prison du Temple, d'avoir exposé aucun de nos amis. Jamais je ne me suis couchée au château des Tuileries, et bien avant le fatal 10 août, sans avoir brûlé toutes les lettres qui pouvaient les compromettre. »

qu'elle verserait sur l'échafaud pourrait en quelque sorte la placer au rang des martyrs auxquels la palme est sans doute par le ciel accordée, les supplices que les tyrans font subir à l'innocence pouvant tenir lieu d'un second baptême (1).

» Mes adversaires ont également accusé Mlle Fouché, qui ne devait cependant commander que leur vénération. Echapper aux périls de l'entreprise devient même souvent une calamité, puisque les ennemis ne craindront pas d'assassiner leur victime dans l'honneur. J'eusse, comme homme, méprisé les atteintes ; j'en aurais fait à Dieu le sacrifice, trouvant, ainsi que Mlle Fouché, ma consolation, mon refuge dans ma conscience ; comme prêtre, comme pasteur, et de l'une des principales paroisses de la capitale, je devais au sacerdoce de répondre publiquement aux attaques publiques dont on ne craignait pas de me rendre victime. Ce fut en chaire, en face de l'image du Christ, dans le temple divin, en présence d'un nombreux auditoire, composé de beaucoup de mes chers paroissiens, que je rendis compte des faits, de leurs circonstances. Tous les auditeurs, jusqu'aux hommes les plus éclairés, emportant la plus profonde conviction de la réalité, chacun ne se montrant étonné que de l'attaque. Eh bien ! c'est à ces mêmes contradicteurs que j'en appellerais aussi, au besoin, et je leur demanderais si jamais l'un d'eux, attaqué comme je le fus, mais alors, taxé, à bon droit, d'imposteur, n'eût pas préféré aller cacher sa honte, son ignominie, son éternel déshonneur au fond de quelques déserts, fuyant tous regards humains, ou s'expatrier sous un faux nom, plutôt que de se rendre horriblement criminel par le serment solennel qu'ils ont qualifié d'imposture ? Quant à moi, je pense que l'homme, que le prêtre qui aurait été

---

(1) Cette pensée me rappelle celle-ci, si bien rendue, sous la restauration, par le poète Victor Hugo, en parlant de l'assassinat du plus vertueux des rois, de Louis XVI :

> « Ce roi, deux fois sacré pour un double royaume,
> A l'autel et sur l'échafaud ! »

capable de se rendre parjure à ce point, sans même s'être trouvé obligé, par aucune autorité supérieure, de se prononcer d'une aussi imposante manière dans le lieu saint, d'y avoir pris à témoin de la vérité de ses discours, et le ciel et les hommes, indépendamment des remords dévorans qu'il se serait préparés pour chaque instant de toutes ses journées, de toutes ses nuits, pendant tout le reste de sa vie, ne pourrait trouver dans les affreuses tortures des enfers un supplice trop grand pour expier son horrible sacrilége. La conduite de toute ma vie dut-elle jamais autoriser l'odieux soupçon ! malheur à celui qui ose se proclamer exempt de défauts inséparables de notre triste et faible humanité ; mais les accusations de vices, celles de crimes, ne doivent jamais rester dans le vague ; on doit s'en disculper entièrement, dissiper tous les doutes, jusqu'aux moindres, ainsi que le fait le magistrat dans l'ordre civil, autant pour sa personne que pour le soutien de l'honneur de sa toge, qu'elle soit ou non éclatante de pourpre et couverte d'hermine. »

Est-il besoin d'ajouter ici que l'imputation de vues ambitieuses (1) faites contre le vénérable M. Magnin recevrait le plus formel démenti par sa conduite habituelle, son goût de toutes les époques, pour la simplicité d'existence ! N'avait-il pas rompu vivement, en nos jours d'orages politiques, tout pacte avec les apostats qui, pour la plupart, se partagèrent les siéges épiscopaux de la France pour le prix de leur félonie ; préféré s'exposer, dans une vie errante, à manquer de tous moyens de substance ou à tomber dans les mains des

---

(1). Si M. l'abbé Magnin n'eût pas éprouvé toute son horreur pour l'apostasie, qui mieux que lui pouvait s'élever sous les puissans auspices de son trop célèbre évêque d'Autun ? Les protégés avides de M. de Talleyrand en savent quelque chose.

2

bourreaux ; n'avait-il pas toujours considéré, comme étant le patrimoine des pauvres de la paroisse, la plus grande partie des revenus de la cure, à l'imitation de ses prédécesseurs, et ainsi que M. son digne successeur se plaît à suivre cette heureuse tradition ; l'a-t-on vu, enfin, pasteur courtisan, essayer d'arriver à l'épiscopat, profiter, pour y parvenir, de toutes les bienveillances dont nos augustes princes et princesses ne cessèrent de lui donner les plus honorables comme les plus touchans témoignages, l'assurant toujours qu'il n'éprouverait jamais un refus de leur part pour toutes les demandes qu'il ferait, de telles natures qu'elles soient ! (1).

Leurs Majestés Louis XVIII, Charles X, leurs dignes proches, vinrent, sans relâche, au devant de ses plus chers désirs, en le chargeant de distribuer leurs abondantes aumônes aux pauvres de leur paroisse, d'après sa connaissance des besoins réels, ne lui faisant qu'un seul reproche, celui de ne jamais réclamer aucune faveur qui pût lui devenir personnelle.

Après tant de marques de bienveillance de la plus admirable des royales familles, que l'on juge de sa douleur en voyant condamner à un perpétuel exil de tels princes et princesses. Incapable de dissimuler ses pénibles regrets, les émeutiers s'en firent un droit pour se livrer à leurs abominables excès. « Dans tous les cas, me disait le vénérable pasteur, que Dieu leur fasse paix et miséricorde, je serais bien autrement à plaindre si on avait pu me voir perdre un instant le souvenir de mes augustes princes et princesses, et de toutes leurs admirables vertus. »

Mais il ne suffit pas aux plus incrédules de leur exposer

---

(1) Il n'est pas inutile de faire remarquer ici que ce fut en 1825 que M. Lafond d'Aussonne, prêtre assermenté, osa diffamer l'irréprochable M. Magnin, dans un pamphlet intitulé : *La Fausse communion de la reine à la Conciergerie*, que ce libelle fut ainsi publié, et, assurément, dans un but qui ne pouvait pas être à beaucoup près désintéressé, neuf années après la publication du testament de la reine.

les louables principes, le beau caractère des mieux prononcés, toute la vie des plus pures, des plus édifiantes de l'homme honorable qu'ils ont méconnu, pour les convaincre de l'injustice de leur imputation. L'amour-propre, ce tyran implacable, se refuse à ce que bien des gens puissent trouver en eux le noble courage de se tenir pour vaincus ; il leur faut des preuves pour absoudre, et, grâce au ciel, nous les possédons.

Divers antagonistes, dans leur précipitation (les besoins de la haine étant besoins pressans), n'ont pas même réfléchi qu'ils se mettaient en contradiction entre eux, compromettant de la sorte des historiens honorables qui acceptèrent leurs données en toute confiance, tels que MM. Lacretelle, Georges-Duval et autres notabilités de la littérature. S'agit-il de raconter les traits de dévouement du concierge de la prison et de sa femme ; les uns donnent à ces époux le nom de Richard, les autres le nom de Baule ! Parle-t-on de cette généreuse fruitière qui fit hommage du meilleur de ses melons, et l'envoi de ses plus belles pêches pour l'auguste captive, ne tremblant nullement d'exprimer tout haut le chagrin qu'elle éprouvait de savoir sa reine détenue dans l'épouvantable lieu. Suivant les uns, la boutique de cette fruitière, la dame Lebas, était située au pont Saint-Michel, suivant les autres, au Marché-Neuf (1). Alors, dira-t-on, quel parti prétendez-vous tirer en faveur de M. Magnin de ces erreurs de

______

(1) L'auguste reine arrive-t-elle au greffe de la prison, les sieurs Baule et Richard ne craignent pas de faire observer au terroriste, officier municipal, venant d'amener dans un fiacre la princesse, qu'ils ne connaissent pas dans toute la maison un logement assez convenable pour recevoir une telle personne, et le brigand introducteur, qui n'aurait trouvé qu'une demi-torture à faire endurer dans l'occupation d'un lit que disputerait la vermine, s'écrie, de sa voix rauque et caverneuse : « Le cachot le plus infect et quelques bottes de paille, c'est tout ce qu'il faut pour elle. » Cependant, malgré cet ordre impératif du cannibale, ordre que l'on ne pouvait enfreindre sans s'exposer à devancer la reine à l'échafaud, les draps les plus fins des deux bons ménages sont mis au service

noms commises dans les récits de ses adversaires, dès l'instant que les louables actions dont il s'agit ne forment point la matière d'un doute? A cela, je réponds que les personnes qui attribuèrent au sieur et à la dame Richard ce qui était le fait du sieur et de la dame Baule, et à ces deux derniers les actions particulières au sieur et à la dame Richard, ont écrit étourdiment, rendant compte de diverses particularités, sans avoir pris la peine de s'entretenir avec les gens qu'ils font parler et agir, que tous leurs récits ne se trouvent résulter d'aucunes investigations indispensablement minutieuses en pareille occurrence; que leurs narrations sont, par conséquent, empreintes de cette légèreté qui ne veut point se donner le tems de rien approfondir.

Aimons encore à croire, avec M. l'abbé Magnin, que le petit nombre de ses ennemis se trouvaient, dans leur délirante animosité, bien éloignés de prévoir toutes les affreuses

---

de Marie-Antoinette; un des meilleurs matelas des concierges est ajouté au grabat.

L'infortunée souveraine arrivait dans sa bien triste et dernière demeure, sans posséder une obole, et les concierges, ainsi que leurs excellentes femmes, supplient humblement la reine de leur donner ses ordres pour sa nourriture. «Ce qui sera bon pour votre famille me conviendra.» Telle fut la réponse de Sa Majesté.

Marie-Antoinette désire faire secrètement passer à ses enfans, au Temple, et comme un souvenir, une mèche de ses cheveux et sa paire de gants. C'est le sieur Baule qui se charge de la commission, mais, par malheur, les gendarmes, de service alors par extraordinaire dans la chambre, s'aperçoivent de l'enlèvement du petit paquet qu'ils saisissent aussitôt et envoient à Fouquier-Thinville. Le peu d'importance de l'objet sauva seul le concierge dans l'ignorance où l'on restait sur la destination, le sieur Baule ayant feint d'ignorer le contenu, affirmant qu'il pensait recevoir un petit cadeau sans conséquence.

La reine n'avait pu obtenir du même Fouquier l'autorisation de faire usage d'aiguilles à tricoter, malgré le besoin qu'elle éprouvait de dissiper un peu son ennui en tricotant une paire de bas pour son fils, et les épouses des concierges procurèrent les aiguilles.

Marie-Antoinette affectionnait un petit chien écossais que l'on appelait *Odin*, nom d'une divinité scandinave, et qui lui avait été donné par la princesse de Lamballe. Les concierges surent faire apporter du

conséquences de leur poursuite, qui leur fit apprendre, sans doute à leur pénible regret, qu'une fois le lion populaire déchaîné, il ne devient plus permis de s'opposer à ses fureurs.

Mais puisque l'on s'est beaucoup attaché à faire ressortir la conduite des époux Baule et Richard, qu'à la vérité on ne saurait trop louer, il faudra bien, n'en déplaise aux apologistes, tirer la conséquence obligée que l'on dut trouver dans les prisons de la Conciergerie bien des moyens de surmonter des obstacles ailleurs invincibles.

En énumérant donc ici une partie des témoignages de zèle porté par les époux Richard et Baule jusqu'au plus grand oubli des dangers affreux auxquels ils savaient s'exposer, les hommes sans passions ne douteront plus, au moins, des facilités d'accès. Il ne restait plus à rendre silencieux que les porte-clés, gardiens subalternes qu'il fallait empêcher de raisonner entre eux sur les facultés accordées, et les rigueurs

---

Temple ce petit animal, qui devint le compagnon chéri de la captive. Toutes ces relations paraîtront ici bien futiles aux adversaires de M. Magnin, mais leur ensemble donne la preuve de tout ce qu'il devint possible d'entreprendre avec de dévoués gardiens.

Si tous ces faits qui se passèrent n'avaient pas été constatés d'une manière sans réplique, les antagonistes du vertueux prêtre et de Mlle Fouché n'auraient-ils pas traité de fable tous ces récits? Auraient-ils, par conséquent, jamais consenti à croire que le pauvre petit chien Odin, envoyé par la reine, en partant pour le supplice, à Mme de Tourzel, qui le légua à Mme la duchesse de Charost, devenu très-sourd et aveugle, suivant du flaire, sans être aperçu, sa maîtresse qui partait en voiture, fut écrasé, coupé en deux par les roues, périssant ainsi, par une fatale coïncidence, le 16 octobre, dix ans après, jour pour jour, et à la même heure de midi où sa royale maîtresse avait, en 1793, péri sur l'échafaud!

Ce fait n'est-il pas, à lui seul, beaucoup plus extraordinaire que l'introduction dans la Conciergerie? Aurait-on pu croire également que l'illustre souveraine du royaume le plus magnifique, le plus policé de l'univers, que la reine la plus bienfaisante, aurait été traînée à l'échafaud sur une hideuse charrette, partie des cheveux coupés, les mains liées derrière le dos, et n'ayant pu se montrer ainsi dans cette conduite au supplice, vêtue d'une robe blanche, qu'au moyen du prêt qu'en fit l'une des femmes des employés de la Conciergerie?

Si ces faits ne s'étaient point passés publiquement, seraient-ils croyables?

de ces sortes de gens se changent volontiers en aménités à la vue d'un talisman, c'est-à-dire de quelques pièces d'or; ces pédestres Cerbères s'apercevant, d'ailleurs, qu'ils ne vont point à l'encontre des volontés de leurs chefs et maîtres absolus, et que, surtout, il ne s'agit point d'évasion.

Le fait est, encore, que M. Magnin et Mlle Fouché se croyaient toujours au moment d'être surpris, par conséquent perdus sans retour, tandis que des ordres secrets étaient donnés pour laisser pénétrer le citoyen qui accompagnerait la citoyenne Fouché, sans que les guichetiers fussent dans la confidence du motif.

La vérité est que la dame Baule n'avait point hésité, d'après l'entretien que Mlle Fouché eut avec elle, à faire part à M. Monnin, jeune aide-de-camp du général Santerre, du désir que Marie-Antoinette avait témoigné de recevoir la visite d'un prêtre à sa convenance, pour obtenir de lui les secours spirituels, seule consolation capable de la soulager dans ses cruelles adversités; que M. Monnin, sans doute épris d'amour pour la république, mais possédant également dans son cœur des sentimens de justice et d'humanité qui n'étaient nullement en harmonie avec les actions sanguinaires des coryphées de l'époque, prit sur lui, en allant porter au comité de salut public le rapport de l'état-major de la place, de soumettre verbalement à plusieurs membres réunis en ce moment dans cette horrible caverne, la demande, sans que la reine eût la moindre connaissance de cette démarche, sans même que Mlle Fouché eût appris que ses entretiens avec l'épouse Baule avaient déterminé cette personne à donner une suite sérieuse et prompte aux discours tenus sur les regrets que Marie-Antoinette paraissait éprouver de la privation de secours spirituels.

Soit que les trois membres du comité n'aient attaché aucune importance aux sacremens, soit qu'ils aient reconnu très-convenable d'accorder à la veuve les facultés laissées, à cet égard, au mari par toute la Convention, l'autorisation fut donnée de la manière dont on le verra bientôt, mais à la

charge de la tenir sous le plus grand secret, de la laisser ignorer même de la détenue, ainsi que de Mlle Fouché et du
prêtre qu'elle amènerait, et dont on voulait ignorer le nom ;
ces trois députés ne voulant pas se donner, ce qu'ils appe-
laient un ridicule, aux yeux des jacobins, les sans-culottes
pouvant les accuser d'avoir éprouvé un instant de velléité ou
de tolérance pour des pratiques religieuses proscrites par
eux. Il fut donc bien sévèrement convenu que le concierge
serait censé, vis-à-vis des intéressés, avoir pris sur lui l'introduction, ce qui laisse tout entier au digne ecclésiastique,
à l'ange tutélaire qui le guidait, tout le mérite de leur admirable dévouement.

Les adversaires primitifs de l'honorable M. Magnin ne
reculèrent point devant cette injuste et vraiment trop affreuse imputation. « Vous avez mis à profit la rentrée des
Bourbons en France pour inventer la fable de la confession
et de la communion, obtenant, pour prix de cette fiction, la
cure de la paroisse du roi. Le testament ou dernière lettre
de la reine vient démentir votre assertion. »

Rien de plus aisé que de prouver de quel côté l'erreur
existe.

Après le 9 thermidor, mais toujours sous la Convention
dite *nationale*, une brochure intitulée : *la Vie et les Crimes de
Robespierre*, ayant paru dans les derniers six mois de 1794,
s'énonçait ainsi relativement à M. l'abbé Magnin :

« Quel grief eût été, aux yeux d'Hébert et du tribunal de
Robespierre, s'ils eussent su que l'accusée (Marie-Antoinette) avait employé, pour se confesser et communier dans
sa prison, le ministère du prêtre catholique nommé Charles
Magnin. »

Le fait, jusqu'alors enseveli dans le secret, venait donc
de transpirer ; le fait était donc vrai : ce n'était certes pas
M. l'abbé Magnin qui avait intérêt à le divulguer ; les tems
restaient pour lui encore trop menaçans, et chaque prêtre
pouvait, en se voyant arrêté comme insoumis, redouter un
second 2 septembre ; les vœux des scélérats ayant adopté la

profession productive d'assassins, les cris de ces misérables appelant à toutes forces le retour du règne de la terreur, obligèrent même M. Magnin, d'après la publication de cette brochure, à se tenir de nouveau sous la plus grande réserve. Dira-t-on que l'on prévoyait à cette époque le retour de l'auguste famille des Bourbons? Hélas! vingt années s'écoulèrent sans que la France put penser à obtenir ce bonheur. La génération qui s'élevait et grandissait ne s'occupait même pas de ces illustres exilés, les anciens et fidèles royalistes, exempts d'ambition, déplorant seuls l'éloignement, sans même oser se flatter de le voir cesser.

Dès l'année 1804, S. A. R. Madame, dans son exil à Mittau, avait été informée, par les organes les plus respectables, du touchant événement, et s'empressa alors de faire parvenir à Mlle Fouché l'expression de sa reconnaissance!

Les antagonistes de M. l'abbé Magnin ont oublié de rapprocher les époques les plus importantes à relater.

Ce fut dès le mois de janvier 1816 que le lord S..., comte de B..., eut connaissance du testament de la reine, conservé en Belgique par le député Courtois, qui l'avait trouvé lors de sa visite des papiers de Robespierre et s'en était emparé ; car ce précieux document, envoyé à Fouquier-Tinville, n'avait point reçu sa destination pour les prisons du Temple. Le régicide Courtois, informé par le lord que Louis XVIII donnerait volontiers cent mille francs pour posséder l'admirable lettre, en rendit le roi possesseur par l'entremise de M. le duc Decazes. Or, M. l'abbé Magnin fut nommé curé de la paroisse Saint-Germain-l'Auxerrois à la fin de novembre 1816, sur la demande de Sa Majesté et de toute la famille royale, et jamais le moindre soupçon ne put l'atteindre à la cour, comme dans l'esprit de tous les gens bien pensans, sur la véracité du fait dont il s'agit. Osera-t-on supposer que les princes et les princesses n'eussent point témoigné au moins de la froideur envers l'inculpé, si les investigations les plus minutieuses n'avaient point amené les plus profondes convictions de la réalité du fait méchamment con-

testé? Voudrait-on admettre que Louis XVIII, ce monarque si pénétrant (nulle intrigue, nulle pensée ne pouvait
échapper à son œil scrutateur), ait pu se laisser tromper un
seul jour sur la vérité du fait? Les sieurs Baule et Richard,
les gendarmes François Dufresne et Jean Gilbert n'ont-ils
pas été entendus au château dans cette espèce d'enquête ex-
trà-judiciaire qui y fut faite, non pas dans une disposition de
doutes, mais d'après, surtout, les supplications mêmes de
M. le curé Magnin et de Mlle Fouché?

Le récit de Mme la princesse de Chimay, qui se trouve à la
fin du deuxième tome de l'*Histoire de Marie-Antoinette, reine
de France*, par M. Montjoie;

L'œuvre de M. le comte de Rolino, chambellan de S. M.
le roi des Pays-Bas;

Les mémoires et les traditions les plus authentiques, par
M. Achinte, ouvrage dont S. A. R., digne fille de Louis XVI,
a bien voulu accepter la dédicace;

M. de Quélen avait été témoin dans sa jeunesse des divers entretiens que Mlle Fouché eut avec Mme de Quélen, sa
mère, sur l'événement dont il s'agit; et le docte et pieux
ecclésiastique, parvenu à l'archevêché du premier diocèse
de France, se plaisait à raconter le fait et à le certifier, lorsque l'entretien de ses cercles intimes se trouvait amené sur
le sort subi par les augustes victimes.

Maints et maints autres témoignages, également respectables, viendraient au besoin corroborer ceux-ci, tout suffisans
qu'ils soient pour convaincre les plus opiniâtres, toutes les
forces des adversaires se trouvant dans les mots ci-après,
transcrits sur la sublime lettre, digne parallèle de l'immortel
testament du roi-martyr:

« Je meurs dans la religion catholique, apostolique et ro-
» maine, dans celle de mes pères, dans celle où j'ai été éle-
» vée et que j'ai toujours professée. N'ayant aucune conso-
» lation spirituelle à attendre, ne sachant pas s'il existe
» encore ici des prêtres de cette religion, *et même, le lieu où
» je suis les exposant trop s'ils y entraient une fois*, je demande

» sincèrement pardon à Dieu de toutes les fautes que j'ai pu
» commettre depuis que j'existe ; j'espère que, dans sa bonté,
» il voudra bien recevoir mes derniers vœux, ainsi que ceux
» que j'ai faits depuis long-tems pour qu'il veuille bien re-
» cevoir mon ame dans sa miséricorde et sa bonté....

 » Adieu ! adieu ! je ne vais plus m'occuper que de mes
» devoirs spirituels. Comme je ne suis pas libre dans mes
» actions, on m'amènera peut-être un prêtre ; mais je pro-
» teste ici que je ne lui dirai pas un mot, et que je le regar-
» derai comme un être absolument étranger.

» Signé MARIE-ANTOINETTE. »

Après cette lettre, occupant deux pages et demie, com-
mencée à quatre heures et demie du matin et terminée en
moins d'une heure, après que la reine venait d'éprouver
toutes les fatigues d'une horrible audience de trente-six
heures, ayant été suivie sans de grandes interruptions, Sa
Majesté se mit en prière, puis dormit profondément du
sommeil du juste, tant sa belle ame était pure, tant son courage était grand.

A six heures, on la réveilla pour lui annoncer la présence
de M. Girard, curé assermenté de la paroisse Saint-Landry,
en la Cité. Tous les historiens, et notamment M. Durdent,
l'un des plus impartials, après avoir donné copie entière de
la lettre, s'accordent à rapporter que Marie-Antoinette, en
réponse à l'offre que M. Gérard venait lui faire des secours
de la religion, lui dit qu'elle se les était procurés, sans vouloir
faire connaître de quelle manière.

Que l'on pèse ces mots : « Je me les suis procurés ! »

Que l'on se rappelle les craintes qui agitaient sans cesse
l'auguste souveraine, non pas sur son sort, mais sur celui
des serviteurs qui lui étaient dévoués, des précautions qu'elle
prenait sans cesse, et même bien avant le 10 août, pour empêcher de les entraîner dans sa ruine.

Que l'on n'oublie pas non plus l'admirable réponse qu'elle fit aux magistrats qui vinrent la presser de se prononcer sur les scélérats qui, dans les journées des 5 et 6 octobre 1789, arrivèrent en foule de Paris à Versailles, y assassinèrent des gardes-du-corps et criblèrent de coups de sabre le lit de la reine, en croyant poignarder cette princesse ; que l'on recueille sa réponse si digne de son grand cœur : « *J'ai tout vu, tout entendu, tout oublié !!!* »

Et l'on ne voudrait pas qu'une ame aussi magnanime, assez généreuse pour vouloir sauver la vie aux brigands qui voulurent assassiner cette princesse, on ne voudrait pas, dis-je, que la même souveraine eût usé d'un louable détour pour écarter tous les soupçons (qu'elle semble redouter par les termes même qu'elle emploie dans sa lettre) afin que M. l'abbé Magnin ainsi que Mlle Fouché ne puissent être recherchés, dans le cas où les tyrans seraient venus à recevoir quelques notions à ce sujet.

Que l'on se pénètre bien, surtout, de la terrible impression que fit, sur le cœur si sensible de l'auguste captive, la tragique fin du jeune et malheureux imprudent, le chevalier d'Ed... V... C..., qui sut assez gagner les bonnes grâces d'un officier municipal, M. Michonis, pour obtenir de lui une écharpe tricolore et s'introduire à l'aide de cette décoration, et en compagnie de M. Michonis, auprès de la reine, à laquelle il présenta un œillet renfermant un papier qui fut aussitôt saisi. L'échafaud ne tarda point à recevoir ces deux hommes, et l'on oserait contester que Marie-Antoinette, dans sa douleur de cette cruelle fin, aurait pu hésiter sur l'emploi d'un innocent détour capable seul de sauver le vertueux prêtre et sa noble introductrice.

Les louables craintes de la reine n'avaient même pu que s'augmenter, dès l'instant que plus d'un mois venait de s'écouler depuis que M. l'abbé Magnin s'était présenté.

Cette disparition provenait de ce que des membres du comité de salut public, qui n'avaient point participé à la permission donnée en secret, la firent retirer, croyant même se montrer très-généreux en ne cherchant pas à s'enquérir du nom du prêtre interdit.

Depuis quand donc refuserait-on aux têtes couronnées le privilége qu'ont tous les hommes, celui de déguiser parfois la vérité lorsqu'il peut en résulter un bienfait. L'infortuné Louis XVI, si pur de toutes taches, si ennemi du mensonge, a-t-il craint d'abuser son épouse, sa sœur, ses deux enfans, en leur promettant, dans la déchirante entrevue du 20 janvier, de venir le lendemain matin pour recevoir leurs derniers adieux avant de partir pour le lieu du supplice? Est-il un rapprochement à faire avec cette autre infortunée princesse, qui fut aussi reine de France avant d'être reine d'Ecosse ; mais Marie Stuart pouvait ouvertement, et sans aucuns dangers pour son directeur de conscience, insister, afin que ce prêtre catholique fût averti de venir l'assister dans ces derniers et terribles momens, puisqu'alors ce ministre de l'autel n'avait point à craindre la persécution ; Marie Stuart ne vit sa demande refusée qu'en raison du désir que les protestans éprouvèrent, mais bien en vain, d'amener la royale victime à abjurer sa religion avant de recevoir le coup mortel. L'auguste Marie-Antoinette savait qu'elle n'obtiendrait pas publiquement le prêtre de son choix, ainsi qu'il avait été laissé à Louis XVI ; que réclamer le même droit était envoyer à l'échafaud l'ecclésiastique qui lui était entièrement dévoué, et ne pria M. Gérard de ne pas la quitter que pour avoir à côté d'elle un homme qui ne fût point éloigné de compâtir au sort aussi affreux qu'injuste qu'elle éprouvait. M. Gérard, l'invitant à avoir du courage : « Du courage, lui répondit-elle, eh ! Monsieur, il y a si long-tems que j'en fais l'apprentissage, qu'il n'est pas à croire que je puisse en manquer dans ce jour qui va me délivrer de tous mes maux. »

Le même prêtre, oubliant un instant les devoirs de son ministère, qui doit être tout de consolation, ajouta : « Ce jour va expier....... » Mais la digne fille de Marié-Thérèse ne le laissa point achever, et, sans aucun ton d'aigreur, lui répliqua noblement : « Des fautes, Monsieur, mais des crimes, jamais. »

Joignant à ces réponses celles admirables que fit, sans apprêt, sans ostentation, la digne fille des Césars dans toutes les plus épouvantables catastrophes, devant ses juges assassins, il faut, à l'exemple du roi-martyr, des saintes sœur et fille de ce bien faisant monarque, la voir encore plus majestueuse, plus sublime qu'aux jours des prospérités de l'éclat de la plus brillante comme de la plus édifiante cour.

Combien aussi le digne prêtre, qui sans doute avait tenu à l'auguste victime un langage bien différent de celui de M. Gérard, se montrait-il heureux de la mission qu'il avait pu remplir!

Tous les renseignemens ci-dessus offerts devraient suffire à eux seuls pour interdire toute réplique, toutes les explications données sur les moyens d'introduction, les accueils touchans faits de plus en plus par la cour après ses plus savantes enquêtes; après enfin la plus éclatante sanction donnée par tout le clergé de Paris, les attestations d'historiens les plus dignes de foi, la continuité d'accueil de la cour, le don de la tabatière d'or fait par la si respectable duchesse douairière d'Orléans, les lettres de l'admirable et bien digne fille de Louis XVI, seconde Antigone, et tant d'autres témoignages également très-postérieurs à la découverte de la lettre ou testament de la reine; quel moyen pourrait-il encore rester aux antagonistes de M. l'abbé Magnin pour le poursuivre jusque dans sa tombe?

Voudrait-on se prévaloir du silence gardé par M. Riousse dans sa brochure, intitulée : *Mémoire d'un détenu à la Conciergerie*, sur la résidence qu'y fit la reine et la courte détention de la princesse Elisabeth? Mais indépendamment de ce que cet écrivain distingué devait ignorer l'introduction, si M. Riousse n'éprouvait qu'un sentiment d'horreur pour tous les terroristes, il n'en était pas à beaucoup près de même pour tous les célèbres Girondins régicides, objets de toute sa vénération, de ses plus douloureux regrets en les voyant partir pour l'échafaud. Il contemple avec un respect tout religieux les grabats qu'avaient occupés ces chefs de parti, hommes dévorés d'ambition, et que les talens éminens rendaient les plus grands criminels, puisqu'ils ne pouvaient douter un instant de leur assassinat juridique.

Le fougueux Danton, ce Mirabeau du peuple, répugnait du moins à se servir du masque d'hypocrisie en votant pour la mort du roi; « nous ne le jugerons pas, avait-il dit d'avance à M. Prudhomme, nous le tuerons. »

Mme Rolland, dame d'un rare talent, sans doute, mais admiratrice des Girondins régicides, est un objet d'adoration et des plus douloureux regrets pour M. Riousse. Le spirituel écrivain pouvait-il parler des augustes princesses Marie-Antoinette et Elisabeth sans faire le procès à ses amis? Il dut donc se taire.

Enfin, pour achever de dissiper jusqu'au moindre nuage, voici le certificat délivré par M. Monnin.

Cet officier, qui fut, comme nous l'avons dit, aide-de-camp de Santerre, n'avait donné que verbalement, en 1825, la déclaration suivante. M. Magnin, comme par un pressentiment de sa prochaine fin, désirant que le titre écrit pût se trouver dans les papiers de sa succession, se le fit donner.

En voici la teneur :

« Il est non-seulement possible, mais même très-probable que Marie-Antoinette a reçu la communion à la Conciergerie; pourquoi aurait-elle sollicité la permission de recevoir un prêtre dans sa prison, si elle n'avait pas eu l'intention d'obtenir de lui les secours de la religion? Cette permission, je me suis chargé, à la sollicitation de Mme Richard, de la demander au comité de salut public; elle m'a été accordée et adressée à Fouquier-Thinville, à qui je l'ai remise; et cet accusateur l'a transmise au gardien de la Conciergerie. Voilà le fait que j'atteste.

» Paris, le 19 juin 1842.

» *Signé* MONNIN. »

Un tel certificat vient dispenser de commentaire.

Je termine en faisant observer que les adversaires du vénérable M. Magnin connaissaient bien mal les tyrans de l'époque, en n'accordant pas à la plupart de ces hommes féroces des instans, bien rares à la vérité, que l'on pourrait appeler des momens lucides, de courtes trèves à leur fièvre chaude, ou, si on l'aime mieux, de ces espèces d'indigestions d'hommes trop gorgés de sang humain. Le grand point était de saisir ces rapides momens, en s'y prenant bien, pour obtenir d'eux quelques actes contraires à leurs épouvantables habitudes, et surtout en ne tremblant point devant ces monstres et en se résignant bien froidement à l'avance aux périls que la démarche hardie pouvait entraîner. En révolution comme en guerre, comme en combat singulier, celui qui a peur est presque déjà sacrifié. J'ai vu toute la révolution, j'ai traversé cette mer de sang et de larmes, et, tout en ne cessant d'exécrer les régicides de toutes les nuances, les montagnards et leurs suppôts de terreur, j'ai pu sauver des prêtres, des officiers de la maison du roi, par des moyens qu'un romancier n'oserait admettre dans une œuvre d'imagination, et qui, cependant, furent, j'en atteste le ciel, employés avec le plus heureux succès. Au nombre de mes articles des 21 juin 1835, 21 janvier, 10 août, 3 septembre 1836, 21 janvier, 22 juin 1842, insérés dans le *Journal des Villes et des Campagnes*, ces faits sont expliqués. L'honorable M. Magnin a donné l'exemple d'un bien autre courage. Ah! que ses anciens ennemis se repentent!